ALTERNATOR
BOOKS™
EN ESPAÑOL

CRIPTOLOGÍA

SECRETOS DE LOS LOCUTORES DE CLAVES NAVAJOS

RACHAEL L. THOMAS

ediciones Lerner ◆ Mineápolis

Fuente del texto del cuerpo principal: Aptifer Sans LT Pro.
Fuente proporcionada por Linotype.

Library of Congress Ca taloging-in-Publication Data

Names: Thomas, Rachael L., author.
Title: Secretos de los locutores de claves navajos / Rachael L. Thomas.
Other titles: Secrets of Navajo code talkers. Spanish
Description: Mineápolis, MN : Ediciones Lerner, [2023] | Series: Criptología (alternator books en español) | "La traducción al español fue realizada por Zab Translation." | Includes bibliographical references and index. | Audience: Ages 8–12 years | Audience: Grades 4–6 | Summary: "Cryptology was key to the success of the Battle of Iwo Jima during World War II. Learn about the Navajo and why their language was well-suited to being used for coded messages. Now in Spanish!"— Provided by publisher.
Identifiers: LCCN 2022015407 (print) | LCCN 2022015408 (ebook) | ISBN 9781728477251 (Library Binding) | ISBN 9781728478043 (Paperback) | ISBN 9781728479774 (eb pdf)
Subjects: LCSH: World War, 1939–1945—Cryptography—Juvenile literature. | Navajo code talkers—Juvenile literature. | Navajo language—Juvenile literature. | World War, 1939–1945—Participation, Indian—Juvenile literature. | United States. Marine Corps—Indian troops—History—20th century—Juvenile literature.
Classification: LCC D810.C88 T4618 2023 (print) | LCC D810.C88 (ebook) | DDC 940.54/8673—dc23/eng/20220427

CONTENIDO

INTRODUCCIÓN

Es febrero de 1945. Una batalla se libra en la isla de Iwo Jima, en el Pacífico. Miles de marines asaltan las costas de la isla. Miles de tropas japonesas están al acecho, escondidas en la selva exhuberante.

Un comandante estadounidense estudia el campo de batalla y decide dónde se necesitan tropas y municiones. Transmite estas órdenes a un par de soldados navajos resguardados en un pequeño foso. Los dos soldados están rodeados de cables y equipos de radio. Un soldado habla por radio en un idioma que el comandante no entiende.

Los descifradores de códigos japoneses tampoco lo entienden. En los tres años que Estados Unidos lleva luchando en la Segunda Guerra Mundial (1939-1945), las tropas enemigas no han conseguido descifrar el complejo idioma navajo. Cada día, los locutores de claves navajos ayudan a asegurar la victoria de los Estados Unidos.

Un grupo de locutores de claves en 1942

4

La batalla de Iwo Jima fue una de las más sangrientas de la Segunda Guerra Mundial.

ESTADOS UNIDOS EN GUERRA

En 1939, la Segunda Guerra Mundial estalló en Europa. Comenzó con la invasión de Polonia por parte de Alemania el 1 de septiembre. Dos días después, Gran Bretaña y Francia respondieron y le declararon la guerra a Alemania.

Al principio, Estados Unidos no se unió a la guerra. Algunos estadounidenses querían ayudar a luchar contra Alemania. Otros querían mantenerse neutrales.

A medida que la guerra se intensificaba, mantenerse neutral se hacía más difícil. Alemania siguió invadiendo territorios europeos. Los militares japoneses también se habían unido a las fuerzas alemanas. Al presidente Franklin D. Roosevelt le preocupaba que las tropas japonesas atacaran los Estados Unidos.

El 7 de diciembre de 1941, Japón bombardeó Pearl Harbor, una base militar estadounidense en Hawái. Estados Unidos no podía seguir manteniéndose al margen de la guerra. Al día siguiente, el Congreso estadounidense les declaró la guerra a Japón y a Alemania.

Los soldados alemanes invaden Polonia en 1939.

Más de 2,000 personas
fallecieron en el ataque
a Pearl Harbor.

Las máquinas Enigma fueron utilizadas por los alemanes para enviar mensajes cifrados durante la Segunda Guerra Mundial.

Durante miles de años, los líderes militares han confiado en la capacidad de enviar y recibir mensajes secretos durante la guerra. La ciencia de la comunicación secreta se llama criptología. La criptología ha ayudado a ganar muchas batallas. Al igual que muchos países en guerra, durante la Segunda Guerra Mundial, Estados Unidos utilizó las matemáticas y la tecnología para codificar los mensajes. Se construyeron máquinas para cifrar comunicaciones importantes. Sin embargo, el uso de sistemas de cifrado complejos era lento en comparación con el habla normal. Así, el ejército estadounidense también se apoyó en el idioma navajo para proteger los mensajes secretos.

CTIM destacado - Tecnología

Durante la Segunda Guerra Mundial, el sistema de cifrado de Alemania se transmitía mediante unos dispositivos llamados máquinas Enigma. Las máquinas Enigma utilizaban discos codificadores para cifrar los mensajes. Los discos codificadores giraban constantemente. Esto alteraba el sistema de cifrado incluso mientras se escribía un mensaje.

Julio César fue uno de los primeros líderes militares en utilizar mensajes secretos en la batalla.

CAPÍTULO 2

EL PUEBLO NAVAJO

Cuando Pearl Harbor fue bombardeado en 1941, el ejército estadounidense tenía 2.2 millones de soldados. El gobierno se apresuró a reclutar y entrenar a más hombres. En este número se incluían decenas de miles de nativos americanos. Algunos de los reclutados eran navajos.

En la década de 1940, la mayoría de los navajos vivían en la Nación Navajo. Esta reserva se extendía por Utah, Arizona y Nuevo México. En la reserva vivían muy pocas personas que no fueran navajos. Por lo tanto, el idioma navajo rara vez era escuchado o comprendido por personas ajenas a la Nación Navajo. Esto ayudó más tarde a que el navajo fuera el código perfecto.

La Nación Navajo es la mayor reserva de los Estados Unidos.

Un monumento al locutor de claves en Window Rock, Arizona. Window Rock es la capital de la Nación Navajo.

El locutor de claves de Choctaw, Tobias Frazier, recibió una baja honorable del ejército tras un período de servicio fiel.

El ejército estadounidense había utilizado las lenguas indígenas americanas como códigos secretos durante muchos años. En la Primera Guerra Mundial (1914-1918), las personas de la Nación Choctaw sirvieron como locutores de claves en varias batallas.

Los locutores de locutores de claves choctaw se enviaban mensajes en su lengua materna. Esto ayudó a mantener la información importante a salvo de las tropas enemigas. Los soldados alemanes que escuchaban los mensajes no podían entender el idioma. El éxito de los locutores de claves choctaw llevó a algunos a creer que otras lenguas indígenas americanas podrían utilizarse en la Segunda Guerra Mundial.

LA CRIPTOLOGÍA EN EL PUNTO DE MIRA

Diecinueve soldados choctaw sirvieron en la Primera Guerra Mundial. Formaron un equipo de comunicaciones llamado Choctaw Telephone Squad (Escuadrón Telefónico Choctaw). Los locutores de claves del Escuadrón Telefónico estaban situados en el frente y en los puestos de mando.

Miembros de los locutores de claves choctaw

Clayton B. Vogel

En 1942, una división del ejército en Luisiana comenzó a probar otras lenguas indígenas americanas para utilizarlas como códigos. El veterano del ejército Philip Johnston leyó sobre las pruebas de la división. Johnston estaba familiarizado con el idioma navajo y pensó que sería un buen código.

Johnston demostró su idea al mayor James E. Jones y al general Clayton B. Vogel. Durante la demostración, cuatro navajos tradujeron mensajes del inglés al navajo y de nuevo al inglés. Les llevó minutos. Al aplicar cifrados complejos, los soldados habrían tardado horas en completar las traducciones. La idea de Johnston de crear un código a partir del idioma navajo pronto fue aprobada.

LA CRIPTOLOGÍA EN EL PUNTO DE MIRA

Philip Johnston nació en 1892 en Topeka, Kansas. A los cuatro años, la familia de Johnston se trasladó a Arizona, donde sus padres trabajaban en la reserva Navajo. Allí, Johnston aprendió el idioma navajo.

The Commandant U.S. Marine Corps, page 2

Recently, I made a trip to San Diego for the purpose of learning what progress had been made in utilizing the Navajo language for communication. Colonel Jones told me that the plan had been tried out with a limited number of Indians, had proved highly successful, and that he had requested authority to enlist additional personnel. I inquired if, in his opinion, my services could be utilized in the training of Navajos. His reply was a decided affirmative. He suggested that I contact the recruiting officer here, bearing in mind that I would need authorization to serve both inside and outside continental United States with the Indians.

Because of my great desire to be of service in the foregoing capacity, and to get started in this work at the earliest possible moment, I am applying for enlistment in the Marine Corps rather than for a commission, which would entail more time and uncertainty. As a further means of saving time, I have taken my physical examination at the local recruiting office, the results of which are shown on the inclosed application.

I have taken the liberty to explain in some detail the basis upon which I request favorable action from your office. I have marked the application "urgent" at the suggestion of the local recruiting officer, since my understanding of Navajo psychology would make me of value in the immediate future during recruiting of the new Indian personnel.

Very truly yours,

Philip Johnston

Philip Johnston

En 1942, Johnston se alistó en los marines estadounidenses para ayudar a reclutar y entrenar a los locutores de claves.

CONSTRUCCIÓN DEL CÓDIGO

En el verano de 1942, veintinueve navajos fueron reclutados por los marines estadounidenses. Los reclutados se pusieron rápidamente a trabajar en la construcción de un sistema de códigos en el idioma navajo.

El navajo era ideal para construir un código secreto por muchas razones. Pocas personas conocían el idioma. En ese momento, el gobierno estadounidense estimó que solo veintiocho estadounidenses no navajos lo entendían. La sintaxis del idioma navajo es también extremadamente compleja. Por lo tanto, sería difícil para alguien aprender el idioma rápidamente.

El navajo es históricamente una lengua hablada. En aquella época, no existía un alfabeto navajo oficial. Esto también dificultaba el desciframiento del código, ya que no había recursos escritos para ayudar a alguien a aprender el idioma.

CTIM destacado - Arte

La narración oral es una parte importante de la cultura navajo. Un tema común en las historias es el vínculo entre la naturaleza y las personas.

Los veintinueve reclutas navajos juran como marines.

Los navajos llaman a su lengua *Diné Bizaad*, o la "lengua del pueblo".

El código navajo se utilizaba para enviar mensajes que contenían términos militares. Sin embargo, estas palabras y frases no existían en el idioma navajo. Por eso, una de las primeras tareas de los navajos reclutados fue añadir el significado militar al vocabulario navajo normal. Gran parte de este vocabulario tenía que ver con la naturaleza. Los submarinos se llamaban "peces de hierro" en código navajo. Los acorazados eran "ballenas" y las granadas eran "patatas". Cuando se completó, el código militar navajo tenía 211 palabras.

Los reclutas navajos también crearon una forma de deletrear las palabras letra por letra. A cada letra del alfabeto inglés se le asignaba primero un animal cuyo nombre comenzaba con esa letra. Por ejemplo, *a* se asignó a "ant" ("hormiga") La traducción navajo de la palabra "hormiga", *wol-la-chee*, significaba *a* cuando se utilizaba en el código.

EL CÓDIGO NAVAJO

Términos militares

PALABRA CODIFICADA	PALABRA NAVAJO	SIGNIFICADO
tortuga	chay-da-gahi	tanque
sendero de conejo	gah-bih-tkeen	ruta
dos estrellas	so-na-kih	General de División

Términos del alfabeto

LETRA	PALABRA NAVAJO	PALABRA EN INGLÉS
a	wol-la-chee	ant ("hormiga")
b	shush	bear ("oso")
c	moasi	gato

Los locutores de claves estudian un problema en una escuela de formación de marines estadounidenses.

Una vez elaborado el código, se reclutó a más navajos y se los formó como locutores de claves. El aprendizaje del código llevaba trece semanas. Además, todos los soldados navajos pasaron siete semanas aprendiendo el procedimiento militar. Los locutores de claves navajos también aprendieron a enviar y recibir mensajes utilizando complejos equipos de radio. Los locutores de claves eran responsables de establecer las líneas de comunicación. Además, tenían que cargar con pesados paquetes de radio a la espalda mientras se desplazaban de un lugar a otro.

CTIM destacado – Tecnología

La Segunda Guerra Mundial desencadenó un rápido desarrollo de la tecnología de la radio. Esto incluye los radares. El radar funciona enviando ondas de radio. Las ondas se reflejan en objetos distantes, y alertan a las tropas sobre figuras invisibles. Los oficiales de la marina utilizaban el radar para detectar otros submarinos. El radar también se utilizaba para detectar aviones bombarderos.

Un marine se entrena con camuflaje en una base de entrenamiento.

EL CÓDIGO NAVAJO EN LA BATALLA

Los locutores de claves se unieron por primera vez a los marines estadounidenses en la batalla de Guadalcanal en agosto de 1942. Al principio, los otros marines desconfiaban de los nuevos reclutas. No entendían qué hacían los locutores de claves. Pero a medida que los locutores de claves se pusieron a trabajar, el valor del código navajo se hizo evidente.

En febrero de 1943, Estados Unidos declaró la victoria en Guadalcanal. El general de división Alexander Vandegrift había dirigido las tropas estadounidenses durante la batalla. Vandegrift había quedado impresionado por el código navajo. Así que pidió más locutores de claves.

La batalla de Guadalcanal fue la primera gran batalla del Pacífico de la Segunda Guerra Mundial.

LA CRIPTOLOGÍA EN EL PUNTO DE MIRA

Chester Nez fue uno de los veintinueve reclutas navajos originales. Ayudó a desarrollar el código navajo cuando aún era un adolescente. En 2011, publicó *Code Talker* (Locutores de claves), un libro sobre su vida y sus experiencias en tiempos de guerra. Nez falleció en 2014 a la edad de 93 años.

Chester Nez en 2002

Los locutores de claves Preston Toledo (*izquierda*) y Frank Toledo trabajan juntos para enviar y recibir mensajes.

El locutor de claves Carl Gorman inspecciona una colina durante la batalla en 1944.

Los locutores de claves navajos fueron desplegados en todas las operaciones importantes de los marines estadounidenses en el teatro de operaciones del Pacífico. Los locutores de claves trabajaban en equipos de dos. Uno de ellos transmitía y recibía los mensajes. El otro manejaba la radio portátil y tomaba notas.

Los navajos a menudo transmitían las coordenadas de los bombardeos. También comunicaban los movimientos de las tropas y las solicitudes de suministros. Los locutores de claves estaban casi siempre ocupados. A veces transmitían mensajes durante veinticuatro horas seguidas.

Los locutores de claves trabajaban en situaciones peligrosas. Después de cada transmisión, se trasladaban a una nueva posición para evitar el fuego japonés. Sin embargo, los locutores de claves debían evitar ser capturados. Cualquier navajo capturado por las tropas enemigas podría ser torturado para revelar los secretos del código.

Las tropas estadounidenses izan una bandera durante la batalla de Iwo Jima.

Los locutores de claves a veces tenían que atravesar la densa jungla para poder operar su equipo de radio.

Los locutores de claves navajos sirvieron en varias batallas importantes en el teatro del Pacífico. Una de ellas fue la batalla de Iwo Jima. Iwo Jima es una isla situada a 750 millas (1.207 km) de Japón.

En ese momento, Iwo Jima tenía tres aeródromos. Estados Unidos creía que ganar el control de estos aeródromos iba a ser útil para futuras batallas. Los marines estadounidenses invadieron la isla el 19 de febrero de 1945.

Seis locutores de claves enviaron más de 800 mensajes durante la batalla de Iwo Jima. Durante las cinco semanas que duró la batalla, los marines estadounidenses sufrieron grandes pérdidas. Pero los locutores de claves ayudaron a que Estados Unidos gane. Un oficial militar en Iwo Jima dijo que, sin los locutores de claves, los marines estadounidenses no podrían haber ganado la batalla.

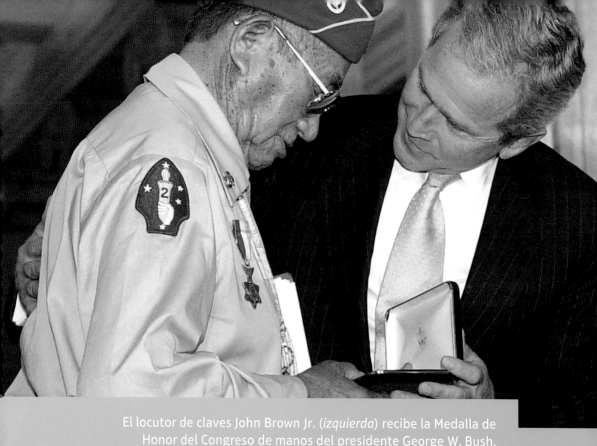

El locutor de claves John Brown Jr. (*izquierda*) recibe la Medalla de Honor del Congreso de manos del presidente George W. Bush.

CONCLUSIÓN

El código navajo nunca fue descifrado durante la Segunda Guerra Mundial. Es el único código militar moderno que nunca fue descifrado. Después de la guerra, el gobierno estadounidense mantuvo el secreto de los locutores de claves navajos durante más de veinte años. Pero en 1968 se reveló su historia.

En 2001, cuatro de los veintinueve reclutas supervivientes recibieron la Medalla de Honor del Congreso. La valentía de los locutores de claves navajos fue finalmente reconocida y celebrada.

¡Descífralo! Traduce los mensajes codificados →

Utiliza la siguiente clave para traducir los mensajes escritos en código navajo:

1. Dibeh ah-jah tsah be dibeh shi-da cla-gi-aih cla-gi-aih dibeh-yazzi tkin ah-jah dibeh

2. Ah-jah tsah ah-jah tsin-tliti tsah-as-zih wol-la-chee tse-gah ah-jah wol-la-chee be

PALABRA NAVAJO	PALABRA EN INGLÉS	LETRA
wol-la-chee	ant ("hormiga")	a
be	deer ("ciervo")	d
ah-jah	ear ("oreja")	e
tse-gah	hair ("cabello")	h
tkin	ice ("hielo")	i
dibeh-yazzi	lamb ("cordero")	l
tsin-tliti	match ("partido")	m
tsah	needle ("aguja")	n
cla-gi-aih	pant ("pantalón")	p
dibeh	sheep ("oveja")	s
shi-da	uncle ("tío")	u
tsah-as-zih	yucca ("yuca")	y

1. Send supplies ("Enviar suministros")
2. Enemy ahead ("Enemigo por delante")

GLOSARIO

aeródromo: campo en el que despegan y aterrizan los aviones

cifrado: mensaje en el que se cambian las letras individuales para ocultar el significado del mensaje

cifrar: ocultar el significado de un mensaje mediante un cifrado

clasificado: que se mantiene en secreto para la mayoría de la gente

clave: la herramienta o recurso que ayuda a una persona a decodificar o descifrar un mensaje oculto

código: mensaje en el que se cambian las palabras o frases para ocultar el significado del mensaje. Un descifrador de códigos es alguien que descifra códigos.

neutral: que no toma partido

oral: hablado y no escrito

reclutamiento: seleccionar para el servicio militar obligatorio. Ser seleccionado es ser reclutado.

reserva: zona de tierra pública gestionada por una tribu nativa americana

sintaxis: la forma en que las palabras se unen para formar frases u oraciones

teatro: zona amplia donde se libra una guerra

MÁS INFORMACIÓN

Kallen, Stuart A. *Navajo Code Talkers.* Mineápolis: Lerner Publications, 2018.

National Geographic Kids: 10 Facts about World War 2
https://www.natgeokids.com/za/discover/history/general-history/world-war-two/

National Museum of the American Indian: Native Words, Native Warriors
https://americanindian.si.edu/education/codetalkers/html/index.html

Navajo Nation Government: History
https://www.navajo-nsn.gov/history.htm

Owens, Lisa L. *World War II Code Breakers.* Mineápolis: Lerner Publications, 2019.

Shoup, Kate. *Life as a Navajo Code Talker in World War II.* Nueva York: Cavendish Square, 2018.

ÍNDICE